Libros para educar

Carta a mis sueños
para el planeta Tierra

Por
Pilar Vélez

PAR AVION
AIR MAIL
CORREO AEREO

USA FIRST-CLASS FOREVER

Para los soñadores que transforman el mundo
con la grandeza de sus sueños

A todos los niños, jóvenes y adultos que aman
la naturaleza y respetan la vida de los animales,
las plantas y los recursos del planeta.
¡Mejores seres humanos para un mejor planeta!

Es una marca propiedad de *Pilar Vélez*
©Derechos reservados 2019.
Producido, distribuido y registrada
por **Snow Fountain Press.**

PAR AVION
AIR MAIL
CORREO AEREO

Carta a mis sueños™ para el planeta Tierra

Primera edición abril de 2019
©2019, Pilar Vélez

Snow Fountain Press
25 SE 2nd. Avenue, Suite 316 Miami, FL 33131

ISBN-13: 978-0-9981999-6-2

www.pilarvelez.com
www.snowfountainpress.com
Mail to: pilarv@snowfountainpress..com

Carta a mis sueños

Carta a mis sueños © cumple con los requerimientos educativos y didácticos a nivel del aprendizaje del idioma, el enriquecimiento del léxico y el empoderamiento personal. Su contenido está basado en los valores humanos y en la selección de los textos alusivos a personajes que han dejado un legado a la humanidad, dignos de motivación para niños y adolescentes.

En esta colección motivamos a los lectores para que protejan el medio ambiente y conozcan la historia de algunos personajes que han logrado preservar la vida del planeta y que nos impulsan hacia el futuro gracias a su encomiable esfuerzo y liderazgo.

Nos concentramos en la enseñanza del lenguaje a través de diversas actividades pedagógicas y lúdicas para mejorar la comunicación oral y escrita, afianzar la personalidad y la identidad en un ambiente multicultural, impartir conocimientos e incentivar la creatividad, el pensamiento analítico y la toma de decisiones.

Este material educativo ha sido preparado por profesionales en pedagogía, literatura, artes y diseño gráfico.

YO AMO LA VIDA

Nota a los educadores y a las familias

"Carta a mis sueños" va más allá de presentar actividades de esparcimiento o habilitar espacios académicos que posibiliten el aprendizaje del idioma. Nuestro interés es contribuir al desarrollo personal de los niños y adolescentes mediante ejercicios dirigidos, diálogos, juegos, dinámicas y proyectos individuales y grupales, que invitan al intercambio de ideas, la reflexión, la investigación, la afirmación de la personalidad, el afianzamiento de valores y principios, el respeto por la naturaleza y la vida y la construcción de la identidad en un ambiente multicultural.

"Carta a mis sueños"™ es un puente que comunica el ser y su deseo de realización. No importa la edad, grandes y chicos tenemos la necesidad de proyectarnos hacia el futuro, y para ello es vital reconocer que tenemos el potencial y el poder para ser lo que deseamos. Llevamos a los lectores a un viaje de héroes y figuras de todos los tiempos que han marcado un hito en la historia de la humanidad. Resaltamos el papel de la familia y los educadores como facilitadores y benefactores de aquellos individuos que se atreven a soñar y luchar por alcanzar sus sueños.

Les entregamos una herramienta que además de facilitar el aprendizaje del idioma, aumentar el léxico, la fluidez en la lectura y la escritura, la creatividad y la comprensión, aporta elementos de crecimiento y convivencia para una mejor sociedad. **"Carta a mis sueños"**™ es un diario, cuyo puerto de partida es una intención, una aspiración o un deseo y crece hasta convertirse en un mapa de ruta hacia el más preciado de los tesoros: el logro de los sueños que llevamos grabados en el corazón.

Somos lo que en verdad soñamos.

Pilar Vélez

Solo se permiten soñadores que aman la naturaleza

Pilar es la creadora de *Carta a mis sueños* ™.
Ama la naturaleza y escribir es su pasión.
Por su trabajo se le ha dedicado la
"*Biblioteca Ecológica Escritora Pilar Vélez-Zamparelli*",
en Isabela, islas Galápagos, Ecuador.
Alynor todo lo convierte en arte.
Con su talento e imaginación se ha podido organizar, diseñar
y recrear cada página de este libro.
Mariete es una artista que se divierte pintando
el mundo de los sueños. Sus ilustraciones son mágicas,
llenas de color y alegría.

¿Y tú?
Tú tienes la más importante de las tareas.

Has logrado que muchas personas contribuyan con su experiencia
y dedicación para que este libro sea una herramienta
de inspiración y amor.

*Compartimos contigo la semilla de los sueños,
los que te acompañarán durante toda la vida
y se convertirán en tu realidad si luchas por ellos.*

¡Divirtámonos juntos!

Hoy es el día más importante de nuestra vida

contenido →

Si encuentras otros tesoros,
puedes seguir la lista...

RESUMEN TEMÁTICO PARA PADRES Y MAESTROS

¡Este diario es tuyo!
No dejes una sola página
sin tu nombre,
sin tu sueño.

Tú serás el capitán
en este viaje.
Tus pensamientos nos llevarán
a ese universo
que está dentro de ti.

Disfrútalo de principio a fin.
Deja volar tu imaginación
y emprendamos juntos
un viaje inolvidable.

YO estoy listo.
¿Y tú?
Solo necesitas traer contigo
una cosa:
tu voz interior.

Este diario
guarda historias mágicas
que esperan por ti.
Y lo mejor de todo
¡son reales!

Juntos recordaremos,
aprenderemos, jugaremos,
agradeceremos
y veremos el futuro.

Oigo un ¡TUM! ¡TUM! ¡TUM!
¿Lo escuchas?
Sí... es este libro. ¡Tiene vida! Te lo advertí.
Si lo acercas a tu corazón sentirás un solo palpitar.
¡Esa es la señal! ¡Ahora sí estamos listos!
¡Abróchate el cinturón que vamos a despegar!
¿Quieres invitar a tu familia,
a tus profesores y a tus amigos?
¡Tenemos mucho espacio! ¡Nuestra nave es gigaaaante!
O si lo prefieres, abre las páginas de tu diario
e iniciemos nuestro primer viaje.
Tú tienes la fuerza. ¡TÚ ERES UN SOÑADOR!
Encontrarás mundos escondidos,
palabras mágicas, personas increíbles,
y descubrirás que todo es posible si te lo propones.
**Este diario es tuyo, porque lo he escrito
con amor, para ti.**

Soy tu sueño

Te invito a reflexionar

Respeta los sueños
de los demás.

Yo pienso que soñar es

....

....

....

....

Sueña
tu sueño.

Cuando tengo un sueño me siento

....

....

....

....

¡Solo tú tienes el poder
para lograr tus metas
y convertir tus sueños
en realidad!

Cada persona tiene un sueño especial

Te invitamos a que salgas a dar un paseo.
Observa la naturaleza, a la gente.
Mira las calles, las casas, los árboles.
Saluda a las personas.
Escucha los sonidos y reconoce el universo que te rodea.
Respira profundo y valora este momento presente
como un verdadero tesoro.
Reconoce tu presencia:
Eres único, un ser maravilloso habitando un planeta
al que debes proteger.

ERES ESPECIAL
Recuérdalo siempre

Cada persona es única
y valiosa.
¡Descubre lo maravilloso que eres!

Pinta la inclusión y la diversidad
Usa toda la paleta de colores. ¡Exprésate!

El tesoro más preciado que tenemos es tu vida.
Es un regalo despertar cada mañana
y tener la oportunidad de hacer lo que deseamos.
Construimos nuestra vida a cada segundo.
Disfruta tu tiempo escolar. Aprende, juega y experimenta.
Conoce tu potencial y tus intereses.
No dejes pasar un día sin abrazar a tu familia y a tus amigos
Agradece el bien que recibes.
Siéntete libre de expresar el amor que sientes y lo que piensas
Transforma cada experiencia en una enseñanza
y en una oportunidad para crecer y ser mejor.
No tengas miedo de soñar.
Planea tu vida y convierte tus sueños en metas
que te inspiren a luchar.

¡Vive con alegría!

MIS SUEÑOS SON

TESOROS QUE GUARDO EN EL CORAZÓN

Abrazar es saludable
para el corazón

La memoria es un tesoro

Querido diario:

ESTE ES UNO DE LOS RECUERDOS MÁS FELICES QUE TENGO.

Escribir es recordar,
pero leer también es recordar.
François Mauriac,
Premio Nobel de Literatura 1952

13

Mi planeta y yo

Hola,

Soy tu sueño. Te invito a explorar nuestro planeta Tierra, el lugar donde tú y yo vivimos y donde pasaremos los mejores momentos.

Dibuja en cada estrella una parte importante de tu vida, lo que amas y necesitas para vivir.

• ¿Cuáles de estas estrellas necesitas para vivir?

Píntalas o márcalas con un solo color.

Escríbelas en una lista y explica por qué cada una de ellas es importante para ti.

• ¿Qué sucede si una de estas estrellas se apaga? Tapa con tu mano una de ellas y piensa qué sucedería y cómo te afectaría.

La Tierra también quiere participar. Te pide que en cada una de las estrellas coloques el nombre de un ser vivo o inerte que conozcas.

Te invito a que cubras con tu mano una de las estrellas.
¿Qué sucede si una de estas estrellas se apaga? ¿Cómo se afectan las demás estrellas?
La vida del planeta es una sola, y cada una de sus partes cumple una función vital. No hay nada al azar en el planeta y, para la continuidad de lo que existe hoy, necesita que se mantenga el orden, los procesos, los elementos y las relaciones. Existe un **principio fundamental de equilibrio** que mantiene la cadena de vida, y si se generan cambios que lo afectan negativamente, estamos atentando contra la vida de otras especies y, al final, contra nuestra propia existencia.

¿Sabías que la tierra tiene 4.543 billones de años
y que cada segundo nuestro planeta cambia?

Asamblea General de los Animales Unidos en Vía de Extinción (AGAUVE)

Se abre la sesión. Con ustedes nuestro presidente electo, el armadillo gigante de Sudamérica.

– ¿Y dónde está el Sr. Secretario General, el oso polar?

– No pudo venir, Sr. Armadillo. El zorro ártico nos avisó que el oso polar se quedó atrapado debido al deshielo. Procederé a llamar a lista, dijo la abeja mientras zumbaba alrededor de los asistentes.

    – Rinoceronte de Java, presente.
    – Tigre del Amazonas, presente.
    – ¿Canguro?
    – No ha llegado, exclamó la Jirafa estirando su cuello.
    – Atún rojo, presente.
    – Gorila de montaña, presente.
    – Pingüino, presente.
    – Mariposa monarca, presente.
    – Tortuga laúd, presente.
    – Lince ibérico, presente.
    – Perezoso, y no se rían, p r e   s e n t e.
    – Hurón de pies negros, presente.
    – Cóndor californiano, presente.
    – Orangután de Sumatra, presente.
    – Camello bactriano, presente.
    – Ballena azul, presente.
    – Delfín, presente.
    – Foca, presente
    – Oso panda, presente.
    – Corales marinos, presentes.

– ¿Y los demás dónde están? –preguntó alarmado el señor Armadillo.

– No pudimos localizarlos –respondió la abeja–. Mandamos al cóndor andino, pero no ha regresado. Entonces enviamos al picaflor de Arica, pero la zona en que vive fue fumigada y no hemos tenido noticias. Luego, enviamos al loro tricahue, pero cuando estaba en su recorrido unos traficantes de aves lo atraparon y lo metieron en una gran jaula.

–¿Y por qué no está aquí el visón europeo? Alguien le avisó de nuestra asamblea de emergencia.

–Tratamos, señor Armadillo. Le mandamos un mensaje con la foca monje del Mediterráneo, quien nos puso en aviso de que todavía los siguen cazando y que la región está amenazada por especies invasoras. De todas formas, seguimos buscándolo con unos contactos de nuestro amigo el lagarto gigante de El Hierro.

–¿Y dónde está el lagarto gigante de El Hierro?

– Tampoco vino, señor –contestó la abeja mientras tosía y daba estornudos y prosiguió–. Como ustedes ven honorables compañeros de la asamblea, la situación es crítica y urge una solución inmediata, pues de lo contrario ninguno de nosotros llegará a la próxima reunión. Tenemos muchos casos en que el número de animales de una especie se cuenta en pocos cientos de ejemplares. Y en otros, no se sabe si ya se extinguieron.

–Yo sugiero –dijo el águila arpía–, que hagamos una protesta mundial. Vamos juntos a las ciudades y exijamos nuestros derechos. Tenemos derechos, ¿cierto?

–Eso es un suicidio –replicó el oso de anteojos mientras movía la cabeza de un lado al otro–. Nos van a masacrar. Las ciudades no son un lugar para nosotros.

–¡Pero nosotros no tenemos voz! – exclamó la ballena beluga con angustia–. Yo creo que no tenemos el poder de hacer nada. Nosotros no podemos limpiar los océanos del plástico, ni detener el calentamiento global, ni prohibir el uso de fungicidas, ni detener la tala de árboles ni el tráfico ilegal de especies, ni prohibir la entrada de animales invasores, ni la sobrepesca, ni la polución y los contaminantes que envenenan la tierra, el agua y el aire.

–El mar es inhabitable –se quejó la tortuga leñadora–. Miles de nuestros hermanos mueren ahogados entre los desechos que tiran al mar y los derrames de petróleo.

–El deshielo nos obliga a morir de hambre y poco a poco vamos desapareciendo –replicó el oso polar.

–Han talado tantos árboles que ya no tenemos donde volar ni donde hacer nuestros nidos –añadió el tucán.

–Es cierto lo que dice el Sr. Tucán. Ya casi no hay jardines con flores ni praderas, en su lugar hay fincas y carreteras. ¿Qué es lo que está pasando? Hay tanto veneno que no vamos a sobrevivir –agregó la mariposa karner azul, desplegando sus hermosas alas mientras los compañeros la rodeaban para abrazarla.

–Tiene que haber una solución –replicó la lechuza común–. Tenemos que sobrevivir. No podemos darnos el lujo de morir. ¿Qué triste sería el planeta sin nosotros? No imagino la selva sin el tigre o el Amazonas sin el delfín rosado, ni el mar sin el tiburón. ¡Cada uno de nosotros merece vivir!

Estaban todos muy desconsolados, cuando de repente llegó el canguro dando saltos gigantes y abriéndose paso entre los asistentes. Se veía feliz. Su sonrisa parecía una media luna.

–¡Llegó el canguro! –gritaron todos al verlo.

–¿Pero por qué te ves tan feliz? ¡Ninguno de nosotros puede hacer nada y nos vamos a morir! –dijo llorando el colibrí tijereta mexicano.

–Quizás nosotros no tenemos la solución, pero yo sé quien la tiene –exclamó con fuerza–. He recorrido el mundo entero dando saltos y hay millones de personas que están luchando por nosotros. ¡Tenemos que resistir!

Los animales daban saltos de alegría al ritmo del canguro y lo abrazaban mientras este sacaba de su bolsa miles de cartas enviadas por los **Soñadores que transforman el mundo con la grandeza de sus sueños.**

¡Si ellos creen que pueden lograrlo, yo también lo creo! –afirmó el canguro, llevándose un puñado de cartas al corazón.

¿Y tú ya enviaste tu carta?
¡Tus sueños son necesarios y hacen la diferencia!

*Selecciona algunos de estos animales e investiga su situación actual.
*Formula un **plan de acción** que contribuya a la solución del problema. Ten en cuenta que todos los seres humanos somos responsables de la vida del planeta. **Siempre hay algo que podemos hacer.**

19

Mi PLANeTA TAMBiéN SoY Yo

Con esta actividad vamos a tratar de ver el planeta dentro de nosotros. Así como somos parte de él, él forma parte de nosotros.

* Para esta actividad vas a necesitar la hoja de papel más grande que puedas encontrar. TE PIDO QUE SIGAS PASO A PASO ESTAS INSTRUCCIONES.

Paso # 1 Acuéstate de espaldas y con los brazos extendidos sobre la hoja de papel y pídele a algún amigo o familiar que trace tu silueta.

Paso # 2 Dentro de esa silueta que eres tú, vas a dibujar al planeta Tierra. **Incluye en tu dibujo**:
- Tu casa, tu escuela, el parque, y los sitios que frecuentas
- El croquis de tu ciudad.
- El mapa de tu país y lo que reconoces de su geografía.
- Los continentes, los mares, las cordilleras, los valles, los volcanes, los nevados, los lagos y los ríos.
- La vegetación: las selvas, los bosques, los manglares y matorrales.
- Los animales: mamíferos, peces, aves, reptiles y anfibios.

Pinta lo que rodea a tu planeta

Paso # 3 Ahora imagina que tú eres el planeta Tierra.
1 ¿Cómo te sientes siendo parte del universo?
2 ¿Qué te hace especial en el universo?
3 ¿Qué es lo que más te gusta de ser el planeta Tierra?
4 ¿Qué sientes cuando talan tus montañas?
5 ¿Qué piensas de los que contaminan tus aguas?
6 ¿Qué sientes cuando se exterminan las especies y desaparecen tus bosques?
7 ¿Qué sucede cuando tiran la basura, los plásticos y químicos en tus ríos y en tus mares?

Paso # 4 Escríbele mensajes a las diferentes partes del planeta Tierra que dibujaste dentro de ti

Paso # 5 Escribe una lista de agradecimientos para todos esos elementos de la naturaleza que nos permiten vivir y disfrutar de la vida.

Reflexiona

• ¿Cuando pintaste el planeta, cuáles fueron los colores que más usaste y por qué? ¿Qué simbolizan estos colores?
• ¿Lograste sentir al planeta Tierra como parte de ti?
• Si la Tierra es parte de ti, como tú lo eres de ella, ¿qué puedes hacer tú para cuidarla?

Imagina

El planeta Tierra tiene **194 países, 1.961.969 ciudades** y **7.53 billones de personas lo habitan**, según el censo de 2017.

Imagina la Tierra antes de que llegáramos a poblarla de esa manera, ¿qué tendría?, ¿qué ha perdido?

• ¿Qué cambios se han originado y cómo afectan al planeta?
• ¿Cuáles de estos cambios que ocurren con el planeta tú puedes controlar?
• ¿Cómo cambia tu apreciación por el planeta, si reconoces que es parte de ti?
• ¿Cómo les enseñarías a otras personas a reconocer que el planeta es parte de ellos mismos, y que puedan sentirlo como propio?

*Puedes variar este ejercicio, acostándote en el piso boca arriba y con los brazos extendidos y pidiéndole a algún amigo o familiar que trace tu silueta con una tiza. Necesitarás tizas de colores y objetos que te ayuden a mejorar la representación de lo que deseas expresar.

¡USA TU CREATIVIDAD!

Mi familia es muy, pero muy grande y en este preciso instante, sigue creciendo. En mi familia todos llevamos el mismo nombre: Soñadores. Y tú eres uno de los nuestros. Nos dicen así porque somos atrevidos, luchadores y creemos que si hay algo que deseamos desde el fondo de nuestro corazón, entonces haremos todo lo que sea necesario para alcanzarlo.

¿Sabes qué es lo mejor de todo? Que es cierto lo que dicen de nosotros. Sí, los soñadores desafiamos los obstáculos y las limitaciones. Somos conscientes de que cada día es una oportunidad para alcanzar nuestros objetivos. Logramos lo que otros no pueden. Donde otros solo ven el impedimento, nosotros vemos la oportunidad de superarnos y ser mejores. Nuestro secreto es que reconocemos que nuestros sueños son las metas que deseamos alcanzar y que son parte de quienes somos. Los sueños viven dentro de nosotros y si no les damos la oportunidad de manifestarse, se apagan hasta morir.

Todos nuestros Soñadores comenzaron igual que tú: cerraron sus ojos y escucharon los latidos de su corazón, se dejaron guiar por su emoción al imaginar lo que deseaban. No tuvieron miedo o pena, simplemente gozaron de la libertad de soñar, pues sabían que este es el primer paso para convertir en realidad lo que en verdad se desea.

Yo, tu sueño, quiero pedirte que usemos este libro Carta a mis sueños, para que nos comuniquemos. Quiero que me hagas parte de tu vida y que te sientas orgulloso de tus sueños.

En cada lugar del mundo y en todos los tiempos han existido soñadores. Estas personas excepcionales han sido firmes en alcanzar sus sueños, por muy imposibles que parezcan. Sus vidas son el ejemplo para muchas personas, y yo quiero que tú los conozcas y aprendas de cada uno de ellos. Fue difícil seleccionar a estos personajes, pues con seguridad hay miles, millones de personas que merecerían ser parte de este libro, pero luego será tu tarea, el reconocer y ampliar esta lista.

Mi familia de soñadores

Boyan Slat
Marjory Stoneman Douglas
Raquel Chan
Adriana C. Ocampo Uria

Escribe tu nombre: _____

"Si quieres hacer algo, hazlo lo antes posible".

Escucha la voz de
Boyan Slat

¿Sabías que el plástico es un material que el planeta no puede digerir?

¿Te imaginas como serían nuestros océanos sin basura ni botellas plásticas? Un chico de diecinueve años lo imaginó y, lo mejor de todo, tuvo la iniciativa y el valor de poner en práctica su idea. Boyan Slat nació en Holanda en 1994 e inventó un sistema que aprovecha las corrientes marinas para concentrar el plástico y de esta forma limpiar los océanos. Su invento reduce en muchos años el período de limpieza, lo que los científicos consideraban casi imposible y estimaban que tomaría por lo menos 79.000 años.

El interés de Boyan por encontrar una solución al problema surgió en 2011 cuando tenía dieciséis años y estaba buceando en Grecia; se alarmó al descubrir que en vez de ver peces, lo que más veía en el fondo del mar eran desechos plásticos. Durante su excursión, pudo comprobar a través de una fina red que construyó, que el agua del mar no solo arrastra objetos grandes, sino también una infinidad de diminutas partículas plásticas. Él se preguntó por qué nadie había hecho algo serio para solucionar este problema o si era que a nadie le importaba lo que estaba sucediendo. Esta experiencia lo impactó a tal punto, que aprovechó la oportunidad de trabajar en un proyecto escolar para realizar sus propias investigaciones sobre el tema.

Paso a paso hasta llegar a una posible solución...

El primer paso que siguió Boyan fue entender cómo funciona la naturaleza y estudiar el problema de la contaminación en el mar. Esto le permitió diseñar un sistema pasivo basado en el viento, las olas y las corrientes marítimas para poder capturar y concentrar la basura plástica que lo contamina, sin necesidad de usar otro tipo de recursos energéticos.

Debido a que en el mar el plástico se concentra en vastas áreas gracias a los giros oceánicos (sistema de corrientes marinas), Boyan diseñó una barrera flotante de cien kilómetros de extensión que recoge los desechos plásticos y permite que la vida marina transite sin ser afectada. Finalmente, la corriente marítima arrastra la basura al centro de la construcción, donde es recolectada en una torre de almacenamiento, clasificada, procesada y trasladada a tierra cada seis semanas, para luego ser comercializada logrando así que el sistema se mantenga de forma autosuficiente generando sus propios recursos para su sostenimiento.

El sistema diseñado por Boyan es 33% más económico que los métodos convencionales, según explica el joven inventor. Parte de la solución al problema de la contaminación causada por el plástico es encontrar la forma de reciclar dicho material. Antes de llegar a este modelo y a su implementación, Boyan y su equipo de trabajo han tenido que hacer muchísimas pruebas aún sin recursos económicos. Su deseo de hacer que el sistema funcione los ha motivado a superar todos los obstáculos.

"Nosotros pasamos la edad de piedra, la edad de bronce y ahora estamos viviendo la edad de plástico", dijo Boyan en un conversatorio en TED, en el cual se refirió a que muchas personas consideran que el daño al medio ambiente será un problema que deberán solucionar las generaciones futuras y que él como joven hacía un llamado a no esperar y a hacerlo ahora que era posible. Esta charla tuvo gran impacto y el vídeo se hizo viral en Internet, superando los 2 millones de visitas. Su proyecto recibió el apoyo de muchas personas y también críticas en las que se cuestionaba si funcionaría y cuál sería su impacto ambiental.

Boyan se ha enfocado en perfeccionar su diseño y la estrategia a seguir para aumentar las probabilidades de éxito, gracias al respaldo de un equipo de trabajo compuesto por ingenieros y científicos, incluido un equipo de científicos externos que ha validado los resultados y considera que el proyecto es factible y financieramente viable.

En junio de 2014, Boyan le dijo al mundo que era posible limpiar por lo menos la mitad de la gran mancha de basura que tiene el océano Pacífico conocida como el *Great Pacific Garbage Patch* en un período de 10 años.
Desde esa fecha el proyecto tomó alas y gracias a una estrategia denominada *Crowdfunding* y que permite recolectar donaciones desde cualquier parte del mundo para financiar proyectos, Boyan logró reunir recursos y continuar con las fases de desarrollo. Se apoyó en las redes sociales para dar a conocer el proyecto y concientizar al mundo sobre la necesidad de implementarlo, y con ello logró que ingenieros, voluntarios y científicos de todo el mundo se unieran a *The Ocean Cleanup*, la organización que fundó en 2013 y que en español significa *La limpieza del océano*. La meta es limpiar el 90% del plástico que se ha acumulado en el mar para el año 2040.

Nunca antes la comunidad científica se había embarcado en un proyecto de esta magnitud en el océano. Desde sus inicios en 2014, se ha estado trabajando en el sistema piloto, corrigiendo falencias e investigando a fondo el problema de la contaminación del plástico en los océanos.

En 2018 *The Ocean Cleanup* lanzó desde San Francisco, California, su primer sistema piloto (System 001) conformado por una tubería flotante de 2.000 pies de largo llamada *Wilson*, cuya misión era enfrentar la más grande de las islas de basura flotante ubicada entre San Francisco y Hawái. El sistema presentó fallas y tuvo que ser sometido a revisión y mantenimiento, por lo que se espera el anuncio de su nuevo lanzamiento. Frente a los temores que muchas personas y organizaciones han expresado, Boyan argumenta: "Lo que sucede es que lo que estamos tratando es algo que nunca se ha hecho antes... Es cien veces más grande que cualquier cosa que se haya desplegado nunca en el océano. Es 50% más profundo y diez veces más remoto que la plataforma de petróleo más remota del mundo. Así que, obviamente, hay retos técnicos".

La vida de Boyan gira alrededor de esta gran meta. Su compromiso ha implicado grandes sacrificios en su vida personal y social e incluso, la necesidad de retirarse de su carrera de Ingeniería Aeroespacial para dedicarse de lleno a The Ocean Cleanup. Boyan ha sido reconocido como uno de los veinte jóvenes empresarios más prometedores del mundo (Intel EYE50) y es la persona más joven en haber obtenido el más alto reconocimiento ambiental de la ONU: *Campeón de la Tierra*. En 2015, el Rey Harald de Noruega le otorgó el premio "Emprendedor joven de la industria marítima". Su nombre figura en la lista 2015 de *Global Thinkers* (Pensadores Globales) en la edición "30 menores de 30" de *Forbes* 2016 y en *Reader Digest*, que lo eligió como el Europeo del Año. "The Ocean Cleanup" fue considerado como uno de los "Diseños del Año" por el London Design Museum y galardonado con el premio 2015 INDEX: Award. Ganó el premio 2015 de Innovación por Diseño de Fast Company y fué elegido por la revista *TIME* como uno de los veinticinco mejores inventos de 2015.

> "Solo si nos damos cuenta de que el cambio es más importante que el dinero, el dinero vendrá".
> Boyan Slat

Los plásticos se derivan de los materiales encontrados en la naturaleza, como el gas natural, el petróleo, el carbón, los minerales y las plantas.

¿Sabías que el árbol de caucho produce una savia lehosa denominada látex o hule? Investiga sobre el caucho y descubrirás historias fascinantes.

¿A dónde va la basura?

Una gran parte se vierte en nuestros ríos y llega al mar.

Debido a la escasez de materiales tales como el marfil y la concha de tortuga, científicos del siglo XIX utilizaron la celulosa, una sustancia que se encuentra en las plantas y en los árboles que calentada con productos químicos se convierte en un nuevo material que es extremadamente durable: el *plástico sintético*.

Las materias primas que se utilizan actualmente para producir plástico provienen de hidrocarburos que están fácilmente disponibles en el gas natural, petróleo y carbón.

Cada año producimos cerca de 300 millones de toneladas de plástico y solo se recicla el 9% anual.

Observa a tu alrededor y haz una lista de todos los artículos que están hechos de (o contienen) plástico.

....

....

....

....

....

....

....

....

....

Se estima que hay 150 millones de toneladas de plástico en el mar.

¿Crees que es necesario que todos estos artículos estén hechos parcial o totalmente de plástico?

_____

_____

_____

_____

¿Cuánto tiempo toman estos artículos en desaparecer?

Caja de cartón
2 MESES

Tejido de algodón
14 MESES

Madera laminada
3 AÑOS

Periódico
6 SEMANAS

Cáscara
de fruta
7 SEMANAS

Cartón de leche
3 MESES

Calcetines de lana
1-5 AÑOS

Contenedor
de plástico
100 AÑOS

Aluminio
200 AÑOS

Cigarrillos
1-5 AÑOS

Bolsas de plástico
20 AÑOS

Aros de plástico
400 AÑOS

Vaso de foam
60 AÑOS

Botella de plástico
450 AÑOS

Pañales
desechables
475 AÑOS

Hilo de nylon
600 AÑOS

Vidrio
No determinado

Como te habrás dado cuenta, la basura no desaparece por arte de magia. Gran parte de ella termina en nuestras playas, arrastrada de un lado al otro gracias a las olas y a las mareas; otra parte es consumida por los animales marinos que confunden los desechos con alimento. Los artículos de plástico se descomponen hasta quedar reducidos a fragmentos que contaminan todos los mares de nuestro planeta y afectan la mayoría de los ecosistemas y, por supuesto, la cadena alimenticia.

¿Sabías que aproximadamente 1.4 billones de libras de basura por año son arrojadas al océano?

MESA DE PENSADORES

Tú tienes el poder de transformar el mundo
e impactar con tu vida la del planeta.

Organiza un conversatorio con tus amigos o tu familia.
Cuéntales la historia de Boyan y plantea estos interrogantes:

- Si el plástico tarda cientos de años en descomponerse en el medio ambiente y se sabe que cierto tipo de ellos tarda hasta mil años en hacerlo, entonces, ¿por qué estamos usando este material tan duradero?

- Si el plástico es en realidad un contaminante que amenaza la vida de los seres vivos, ¿por qué seguimos usándolo sin tener conciencia del daño que hace?

- Antes de leer sobre el trabajo de Boyan Slat, ¿sabías que el plástico contamina el planeta?

- ¿Crees que es necesario informar a la comunidad sobre el uso del plástico?

- ¿Podemos sobrevivir sin esos artículos elaborados de plástico? ¿Cómo?

- ¿Dónde radica el problema?

COMPARTE ALGUNAS IDEAS QUE PUEDEN CONTRIBUIR A SOLUCIONAR
EL PROBLEMA DEL PLÁSTICO EN EL MEDIO AMBIENTE.

Yo pienso que _____

_____

_____

_____

Basándote en la historia de Boyan Slat y en el problema
que enfrenta el medio ambiente,
¿Qué enseñanzas para tu vida puedes extraer de esta lectura?

_____
_____
_____
_____
_____
_____

NOSOTROS SOMOS LA NATURALEZA.
Cualquier cosa que hagamos en contra de ella,
va en contra de nosotros mismos.
Pilar Vélez

Crea tus propias frases:

Nosotros somos _____
_____
_____
_____

La naturaleza _____
_____
_____
_____

Baúl de Boyan Slat

Sostenible

Impacto ambiental

Giro oceánico

Estrategia

Factible

Ecología

Entendimiento

CROWFUNDING

"Olvidamos que el **ciclo del agua** y el **ciclo de la vida** son uno mismo".

Jacques Y. Cousteau
Oficial naval, explorador e investigador francés.

• **Crowfunding:** En español, se refiere al micromecenazgo. Consiste en hacer pública la necesidad de financiación para una causa o un proyecto, al cual se contribuye mediante donación y otras alternativas de participación. En la actualidad, es una iniciativa muy popular que usa el Internet como plataforma.

• **Entendimiento:** Facultad de pensar. Tener una idea clara sobre un asunto particular. Saber con perfección algo, conocer, penetrar, inferir, deducir, discernir.

• **Ecología:** Es una rama de la biología que estudia la relación entre las plantas y los animales con su medio físico-biológico; incluye las interacciones que determinan la distribución, abundancia, número y organización de los organismos en los ecosistemas.

• **Estrategia:** Planificación de algo que se propone una persona o un grupo. "Estrategia es la determinación de los objetivos a largo plazo y la elección de las acciones y la asignación de los recursos necesarios para conseguirlos" (A. Chandler).

• **Factible:** Que se puede hacer. Se refiere también a la disponibilidad de recursos necesarios para implementar o llevar a cabo el objetivo.

• **Giro Oceánico:** Cualquier sistema de corrientes marinas rotativas, especialmente las que están relacionadas con el movimiento de rotación de la tierra. Existen cinco giros oceánicos: Giro del Atlántico norte, Giro del Atlántico sur, Giro del océano Índico, Giro del Pacífico norte, Giro del Pacífico sur.

• **Impacto ambiental:** Efecto que produce la actividad humana sobre el medio ambiente. Alteración de la base ambiental.

• **Sostenible:** En ecología y economía, indica que se puede mantener por un largo período sin agotar recursos o causar grave daño al ambiente. Se refiere también al equilibrio de una especie con los recursos de su entorno.

En el baúl de Boyan hay varias palabras que son claves cuando se planea un proyecto:

1. _____   2. _____
3. _____   4. _____
                    5. _____

¿Sabes otras palabras que podamos agregar a esta lista?

_____

_____

_____

"Quien tiene la voluntad
tiene la fuerza".
Menandro de Atenas
(342 adC–292 adC)
Dramaturgo Griego.

Igual que Boyan,
cada persona puede desarrollar
un plan para encontrar soluciones
a sus necesidades
y a las de su entorno.
¿Tienes la fuerza de voluntad
para hacerlo?

LUCHO POR MIS SUEÑOS
Recuérdalo siempre

Escucha la voz de
Marjory Stoneman Douglas

La "Abuela de los Glades"

La batalla por la preservación del medio ambiente ha sido liderada por muchos hombres y mujeres en todos los rincones del planeta, y entre estas personas se encuentra Marjory Stoneman Douglas, quien nació en Minneapolis, Minnesota, el 7 de abril de 1890 y falleció el 14 de mayo de 1998 en Coconut Grove, Florida, a la edad de 108 años. Desde muy joven sintió una fuerte inclinación por la lectura y una gran sensibilidad por la naturaleza. En 1912, se graduó con una licenciatura en Inglés de Wellesley College, y luego, en 1915, viajó a Miami y fijó en esta ciudad su lugar de residencia hasta el final de sus días.

Muchas personas que le conocieron personalmente la recuerdan con admiración y nostalgia. Su nombre está atado a un preciado tesoro, los Everglades y sus frágiles ecosistemas. Su misión fue proteger este hábitat, ante amenazas de que fuera drenado y reclamado para los proyectos de construcción que cambiarían por siempre el orden ecológico de esta reserva única. La batalla que emprendió Marjory por la conservación de las riquezas naturales del sur de la Florida le dieron fama a nivel nacional e internacional, y su nombre figura entre los más renombrados activistas ambientales del mundo. Para frenar los proyectos, lideró una campaña que duró su vida entera. **Su corazón, su personalidad decidida, más su pasión y dominio del arte de la comunicación y del lenguaje, fueron recursos esenciales para transmitir un poderoso mensaje que impactó a todas las esferas de la sociedad**. En ella convergían la **pasión**, el **liderazgo** y la **creatividad** de escritora, con una marcada **objetividad** de gran periodista. Desde su maquinilla de escribir se construían reportajes e historias para el *Miami Herald*, historias cortas para grandes y chicos e infinidad de cartas. No conocía el límite y desafiaba los obstáculos. Para ella su **compromiso** con el medio ambiente, los derechos civiles y la causas de la mujer eran un deber moral ineludible.

Después de dejar el periódico en 1923, se dedicó de lleno a su carrera literaria, enfocándose en la conservación del sur de la Florida, tema en el cual acumuló gran conocimiento y que se manifiesta en su libro: *Los Everglades: Río de hierba* publicado en 1947. Este libro fue parte de una serie que se enfocaba en el estado de los ríos de América. La obra contribuyó a educar a la población en cuanto a su apreciación de este conjunto de frágiles ecosistemas que, antes de la intervención de Marjory, se consideraban tierras pantanosas sin valor alguno. El profundo mensaje que transmite su obra sigue tan vigente como en sus días. En la edición de 1988, se agregó un capítulo titulado **"Cuarenta años más de crisis"** en el que se aporta información sobre los cambios que habían sufrido los Everglades y las maquinaciones políticas que habían entorpecido la lucha para salvarlo. Para su cincuentavo aniversario, se agregó el capítulo titulado *"Uniéndonos"* en el cual se aborda el comienzo del proceso de restauración de los Everglades en el sur de la Florida en su intento de corregir una catástrofe anunciada.

PROBLEMA AMBIENTAL

El rápido desarrollo en ambas costas, así como el crecimiento de la industria agrícola y de la población en el centro y sur de la Florida, ha ocasionado un aumento en la demanda de agua. Igualmente, el sistema de esclusas, represas y canales que redirigen el agua hacia el mar en vez de abastecer a los Everglades repercute en la cantidad y calidad de agua que necesita para sostener los sistemas ecológicos que alberga. El desastre ecológico que Marjory anticipaba es tristemente una realidad. Desde hace varios años, el gobierno y las organizaciones ambientales han estado embarcadas en un proyecto de restauración sin precedentes que se estima durará aproximadamente 20 años y tendrá un costo de 10.9 billones de dólares.

Marjory era una mujer visionaria, persistente, creadora de conciencia, por lo que supo unir a la comunidad bajo un mismo interés y fue una persona clave para fundar la prestigiosa organización "Amigos de los Everglades" (Friends of the Everglades). A la vez, lideró las campañas que lograron la conformación del Parque Nacional de los Everglades y el Parque Nacional de Biscayne, además de las legislaciones que protegían estos parques y su vida silvestre. Ella misma se encargó de educar a la población a través de sus discursos dirigidos tanto al público como al aparato burocrático.

Marjory fue protagonista de su tiempo: se enlistó en las Fuerzas Navales (Navy), se unió a la Cruz Roja, fue una de las precursoras que demandaron el derecho al voto para la mujer, estuvo involucrada en la creación del fondo de leche para familias de escasos recursos y fue parte del grupo de activistas que defendieron los derechos civiles de población afroamericana de Miami. Era una mujer incansable. A la edad de 95 años, fundó el Marjory Stoneman Douglas Biscayne Nature Center, que en la actualidad brinda educación ambiental gratuita a estudiantes del sur de la Florida. Sin embargo, entre todas sus gestas, la historia la ha consagrado como "Gran dama de los Everglades" y "Abuela de los Glades", por su entrega a la defensa del medio ambiente.

EL AGUA ES VIDA

Marjory Stoneman Douglas recibió numerosos reconocimientos, entre ellos tenemos dos muy significativos: los 1.3 millones de acres de vida salvaje en los Everglades que fueron dedicados en su nombre al cumplirse los 50 años de aniversario del Parque Nacional. Con esto se ampliaba el área protegida garantizando que no se sacrificarán estos terrenos para futuros desarrollos económicos. El segundo reconocimiento fue la "Medalla de la libertad" otorgada por el expresidente Bill Clinton en 1993, cuando Marjory contaba con 103 años de edad.

«Marjory fue la primera voz de un verdadero despertar para una gran cantidad de nosotros, sobre lo que estábamos haciéndole a nuestra calidad de vida. Ella no fue solo uno de los pioneros del movimiento ecologista, ella fue una profeta, llamándonos para salvar el medio ambiente para nuestros hijos y nietos».

Lawton Chiles,
Exgobernador de la Florida.

EL LIDERAZGO DE MARJORY

Resalta o escribe en esta lista todos los atributos y características que consideres importantes sobre la vida y la personalidad de Marjory Stoneman Douglas.

....

....

....

....

....

Impacta con el poder de la escritura

El libro que escribió Marjory Stoneman Douglas sobre los Everglades brindó información valiosa sobre la vida que allí se encontraba; así fue que los Everglades dejaron de ser catalogados como un pantano y fueron valorados como un río.

Actividad: Selecciona un jardín, un parque, la ribera de un río, o los alrededores y observa con mucha atención los procesos de vida que pueden estar sucediendo este lugar. Descríbelos detalladamente.

....

....

....

....

....

....

....

....

Elementos de la COMUNICACIÓN

Actividad: A partir de este diagrama, identifica los elementos de la comunicación.

_____
_____
_____
_____
_____
_____
_____
_____

YO DEFIENDO LA VIDA
Recuérdalo siempre

TU CARTA A: ....

Marjory escribía muchas cartas a personas influyentes que tenían el poder para resolver problemas, autoridad para implementar mejoras o podían hacer recomendaciones sobre situaciones que debían solucionarse por el bien de la comunidad. Te invito a que sigas este ejemplo y ejerzas tu derecho ciudadano y la libertad de expresión. No importa tu edad, tú tienes el derecho a expresar lo que sientes y piensas.

Piensa en un problema de orden social o ecológico que te afecte o consideres importante y expresa de forma clara: cuál es el problema, cómo te afecta a ti y/o a otras personas y cuál o cuáles serían las posibles soluciones..

CARTA DIRIGIDA A:

· ·

Cordial saludo.

Problema:

· ·

· ·

· ·

Me o nos afecta:

· ·

· ·

· ·

· ·

· ·

Posibles soluciones:

· ·

· ·

· ·

Agradezco su pronta respuesta.

Sinceramente,

_____

Tu nombre

PAR AVION
AIR MAIL
CORREO AEREO

45

Sensibilidad

Preservación

Precursora

Persistente

Objetividad

ecosistemas Educar

Demandar

Crisis creatividad

Comunicación

Concientizar

Baúl de
Marjory
Stoneman
Douglas

- **Concientizar:** Crear conciencia, hacer que alguien sea consciente de algo.
- **Comunicación:** Proceso de transmisión de información entre un emisor, quien da el mensaje, y un receptor, quien lo recibe. Compartir, participar en algo o poner algo en común.
- **Creatividad:** Facultad que alguien tiene para crear y generar ideas. Capacidad creativa de un individuo. Encontrar procedimientos, recursos o elementos para hacer algo de una forma distinta, innovadora.
- **Crisis:** Cambio brusco. Situación complicada, mala o difícil.
- **Demandar:** Pedir, exigir.
- **Ecosistemas:** Ambiente específico donde los procesos vitales de una comunidad de seres vivos se relacionan entre sí. En un ecosistema natural en equilibrio, los animales, las plantas y los microorganismos, interactúan y comparten recursos, como el agua y/o el aire, sin intervención del hombre.
- **Educar:** Instruir, dirigir, encaminar, doctrinar.
- **Objetividad:** Imparcialidad, presentar temas o situaciones de forma independiente a la manera propia de pensar. Criterio de verdad.
- **Persistente:** Perseverante, insistente, que intenta algo hasta lograrlo.
- **Precursora:** Que comienza algo, que tiene ideas pioneras (o da los primeros pasos) sobre algo que será aceptado en el futuro.
- **Preservación:** Cuidar, amparar, custodiar o defender algo con anticipación para evitar un eventual daño o deterioro.
- **Sensibilidad:** Forma de pensar y sentir sobre un asunto en particular. Sentido de percepción e intuición, emotividad.

Escucha la voz de

Dra. Raquel Chan

La Soñadora Dra. Raquel Chan, bióloga argentina, es una de las científicas más destacadas de América Latina y fue la persona que lideró el equipo de científicos del Instituto de Agrobiotecnología del Litoral (IAL), –dependiente de la Universidad Nacional del Litoral (UNL) y del Consejo Nacional de Investigaciones Científicas y Tecnológicas (CONICET)– que creó la semilla más resistente a la sequía, el gen HAHB-4.2, proveniente del girasol, y que también hace que los cultivos sean más tolerantes a la salinidad del suelo.

La Dra. Chan comentó que el girasol tiene muchos genes y que ellos trataron de identificar a los genes que realizan ciertas funciones en la planta y lograron aislar el gen responsable de tolerar la sequía. Con este descubrimiento, haya o no sequia, se puede duplicar la productividad de la soja, el trigo y el maíz, alimentos básicos en la alimentación de muchos países.

Una de las preocupaciones de la Dra. Chan es la necesidad de alimento que se proyecta para el 2050, cuando se tendrán 3.000 millones de personas más en el planeta y limitadas posibilidades de ampliar la superficie cultivable. Según expertos, necesitaremos producir un 60% más de alimentos y agricultura para atender las necesidades de la población del 2050.

La Dra. Chan se define como una persona muy dedicada que disfruta lo que hace. En cuanto a su carrera, comenta que demanda mucho trabajo y pasión y que los científicos tienen que enfrentar dificultades en sus países para poder realizar los experimentos y las investigaciones que desean.

MESA DE PENSADORES

Para responder a estas preguntas, piensa en tu entorno y las posibles limitaciones para realizar un proyecto de investigación. Coméntalas a tus amigos, familia y profesores. Analiza la situación, define los obstáculos y plantea las soluciones.

- ¿A qué dificultad se refiere la Dra. Chan?
- Explica por qué es importante el descubrimiento de la Dra. Chan y su equipo.
- Si te dedicaras a la ciencia, ¿qué te gustaría investigar y por qué?
- ¿Cuales son algunos de los descubrimientos científicos que más han beneficiado al hombre y al planeta?
- ¿Cuáles descubrimientos consideras han sido usados en contra del hombre y del planeta?

Modificar la genética de nuestros alimentos ¿es bueno... es malo... o depende?

Te invito a que investigues sobre este tema tan importante y a que hagas una tabla en la que puedas comparar los aspectos positivos y negativos. Para tu análisis ten en cuenta los efectos de la sobrepoblación, el calentamiento global y los diferentes ángulos de la problemática ambiental que hemos estudiado en este libro. Y para que esta investigación sea mucho más interesante y participativa, invita a otras personas para que dialoguen sobre el tema. Al final, pídeles que compartan posibles soluciones.

Puedes escribir tus conclusiones y publicarlas en las redes sociales o en el periódico de tu escuela.

Recuerda que somos parte del problema y de la solución.
No hay que ir muy lejos para buscar el cambio
¡El cambio comienza en uno mismo!

Baúl de Raquel Chan

Agro
Bio
Tecnología
Agrobiotecnología
Biología
Biotecnología
Bióloga
gen
Genética
Sequía

- **Agro:** Del campo, tierra de labranza.
- **Bío:** Raíz de origen griego que significa vida.
- **Tecnología:** Es el conjunto de teorías y de técnicas que permiten el aprovechamiento práctico del conocimiento científico. Esta palabra también proviene del griego: *Tekhné*: arte, técnica, oficio, y *logía*.
- **Agrobiotecnología:** Se basa en la manipulación genética de las semillas (GM), con lo que se producen nuevas variedades de cultivos mucho más resistentes a las sequías, a las heladas, a las plagas y a las enfermedades. También se aplica a las vacunas, a la identificación de mapas genéticos y clonación de animales en la ganadería.
- **Biología:** Es la ciencia que estudia la vida. Resulta de la unión de dos raíces griegas: *bíos* (vida) y *logía* (discurso, tratado, o ciencia).
- **Biotecnología:** Es la rama de la biología que utiliza células vivas en el desarrollo de nuevos productos o procesos a través del uso de la tecnología. Su amplio campo de acción incluye la industria alimentaria, la agrícola y la medicina.
- **Bióloga:** Científica experta en el estudio e investigación de todos los seres vivos del planeta en todos sus aspectos a nivel molecular, bioquímico fisiológico, funciones y entorno. Un biólogo es un investigador que posee amplios conocimientos de seres macroscópicos (animales, plantas, etc.) y microscópicos (bacterias, células, genes, virus, etc.).
- **Gen:** Es una unidad de información. En biología se refiere a la secuencia de ADN (Ácido Desoxirribonucleico) que constituye la unidad funcional para la transmisión de los caracteres hereditarios. Su raíz viene del griego *génos*, que significa raza, linaje, prole. El ADN almacena nuestra herencia genética.
- **Genética:** Se basa en el estudio de los genes para comprender cómo se transmite la herencia biológica de generación en generación mediante el ADN. Es una de las ramas fundamentales de la biología moderna y abarca a otras disciplinas, entre ellas la bioquímica y la biología celular.
- **Sequía:** Falta de lluvia que ocasiona escases de agua dentro de un período de tiempo prolongado y que afecta las necesidades de plantas, animales y humanos.

Colombia

Escucha la voz de
Adriana Ocampo Uria

**Conquistando nuevas fronteras en el espacio.
¡Ése era su sueño, alcanzar el espacio y lo logró!**

Nuestra soñadora Adriana Ocampo Uria, nació en Colombia; cursó sus primeros estudios en Argentina y posteriormente, siendo una adolescente, se radicó con su familia en California, Estados Unidos.

Su interés en incursionar en la exploración espacial fue tan decisivo, que desde temprana edad cimentó su propio camino. Sin haber culminado la secundaria, ya trabajaba como voluntaria para el Jet Propulsión Laboratory (Laboratorio de Propulsión a Reacción), un centro de investigación especializado en la construcción y operación de naves espaciales no tripuladas para la Agencia Norteamericana del Espacio y la Aeronáutica (NASA). En principio, Adriana se sintió atraída por la ingeniería espacial, pero luego descubrió que su verdadera pasión eran los planetas. Imagínate lo excitante que debe ser trabajar al lado de muchos científicos en proyectos únicos en su campo, tales como la misión cartográfica de la Tierra, expediciones a Marte, Júpiter, Plutón y sus cinco lunas, entre otros que se realizan en la NASA.

Adriana Ocampo, quien ha dedicado su vida a estudiar el sistema solar y ha participado en misiones a Marte y a Júpiter, es la persona que lidera el proyecto Nuevas Fronteras de la NASA. La bitácora de nuestra soñadora está programada con viajes hacia el infinito. En 2016, y después de un viaje interplanetario de cinco años, la sonda espacial *Juno*, que viaja a una velocidad de 27 kilómetros por segundo y orbita Júpiter de forma vertical, llegó por primera vez al planeta en una misión que durará 20 meses.

En entrevistas concedidas a diferentes medios, la científica señala que Júpiter es un planeta enigmático: tiene días de 10 horas, sus vientos son los más rápidos del sistema solar, con una velocidad de 100 metros por segundo y que quizás puede ser una protoestrella, dado que emite más energía de la que recibe por parte del sol. La información recogida por la sonda espacial Juno llega a la Tierra, específicamente al centro de control de la NASA, en un tiempo récord de 48 minutos.

De acuerdo a la científica, esta misión a Júpiter, ayudará a entender el clima de este planeta y aportará conocimientos sobre cómo se formó el sistema solar, los planetas y la distribución de elementos. "Aprender este tipo de cosas nos puede servir eventualmente para ver los mecanismos que pueden llevar a que tengamos una nueva fuente de energía, de cómo usar el hidrógeno —presente en ese planeta— que es tan abundante en todas las partes del Universo".

El trabajo científico de Adriana Ocampo y su equipo de trabajo, lleva la experiencia humana a puntos lejanos del infinito, como el viaje a Plutón que tomó 8 años —el sitio más lejano al que hemos podido llegar— y lo trae de vuelta a la Tierra, para aprender, entender y prepararnos para afrontar el futuro.

Adriana Ocampo es una de las científicas con mayor experiencia en exploración espacial a nivel mundial, es especialista en geología de la Universidad de California y tiene una maestría en ciencias de la geología planetaria de la CSUN (California State University, Northridge) y un PhD. de Vrije Universiteit. Ha sido seleccionada por la revista Discover entre las 50 mujeres más importantes en la ciencia. En la actualidad adelanta investigaciones sobre cráteres de impacto y extinciones masivas.

Estamos en el año 2050, estás viviendo en la ciudad de_____, localizada en _____. Te gusta esa ciudad porque _____ _____ _____ _____ _____. Su paisaje es _____ _____ y el clima es _____ _____.Trabajas en_____ y tienes el cargo de _____. Eres responsable de _____ _____ _____ _____. El próximo 25 de junio, harás un viaje con tu familia para ir a la ciudad de _____, que está localizada en _____, a _____ (horas) (minutos) (segundos) de distancia. Debes atender una convención sobre los nuevos adelantos científicos. Tu amigo_____, experto en _____ _____, presentará _____ _____ _____ _____. Tu amiga _____, experta en _____hablará sobre la importancia de _____

_____
_____
_____.
Y tú vas a presentar un proyecto en el que has estado trabajando durante varios años. Gracias a ti y al equipo de _____ que diriges, han encontrado la solución para _____
_____
_____
_____

Varios _____ están interesados en apoyar tu trabajo porque _____
_____
_____
_____
_____.
Después de la conferencia, planeas tomarte unos días de descanso con tu familia, para ello te transportarás en _____ _____ e irás a _____, un lugar cercano al sitio de la convención titulada:_____
_____, donde ofrecen las mejores diversiones del momento: _____
_____
_____
_____
_____
_____
_____
_____.
Te sientes feliz, pues hacía mucho tiempo que no disfrutabas de unas vacaciones tan excitantes. Te relajas y piensas que en las próximas vacaciones desearías ir a _____, pues te han contado que allí_____
_____
_____.
¡Ahora mejor dedícate a disfrutar el presente, pues el tiempo vueeeeela!

Baúl de
Adriana
Ocampo Uria

Protoestrella

Interplanetario

Ingeniería espacial

Ingeniería geología

Energía

• **Energía:** Es la capacidad para realizar un trabajo, surgir, transformar o poner en movimiento. La palabra viene del griego *enérgeia*, que significa: actividad, operación, fuerza de acción.

• **Geología:** Es la ciencia natural que estudia la composición interna y superficial del planeta Tierra y sus procesos evolutivos a lo largo del tiempo geológico (Aproximadamente: 4.567 millones de años). Por extensión se aplica al estudio del resto de los cuerpos y materia del sistema solar (astrogeología o geología planetaria).

• **Ingeniería:** Es el conjunto de conocimientos científicos y empíricos, y la aplicación de la tecnología para la conversión óptima de los materiales y fuerzas de la naturaleza en usos prácticos para la humanidad, a través de la innovación, invención, desarrollo y mejora de técnicas y herramientas. La ingeniería también se considera un arte, debido al uso de la capacidad imaginativa y creadora del ser humano para concebir y conceptualizar cosas que aún no existen y transformar el conocimiento en algo práctico.

• **Ingeniería espacial:** Es una rama de la ingeniería que estudia a las aeronaves y se ocupa del diseño de los vehículos impulsores y de los artefactos que serán colocados en el espacio exterior.

• **Interplanetario:** Se refiere a una zona del espacio comprendida entre dos o más planetas, o más allá del espacio.

• **Protoestrella:** Es un periodo de evolución de una estrella desde su inicio como nube molecular formada de hidrógeno, helio y partículas de polvo hasta que comienza a contraerse. Las protoestrellas que tienen una masa similar a la del sol pueden demorarse 100 millones de años en evolucionar desde nube molecular a estrella.

Los derechos de la
TIERRA

LA TIERRA TIENE DERECHO A LA VIDA. Si la tierra vive en su plenitud, sobreviven y se regeneran los sistemas vivos y los procesos naturales que sostiene. La tierra tiene derecho a su existencia.

LA TIERRA TIENE DERECHO A LA DIVERSIDAD. Todas las especies que la habitan tienen el derecho a su identidad, la preservación en su integridad genética, su funcionamiento vital y el respeto por su existencia y su hábitat.

LA TIERRA TIENE DERECHO A SU BIOCAPACIDAD. Los ecosistemas tienen la habilidad de abastecer recursos naturales útiles y absorber los desechos generados por los humanos a una escala y con un límite propio a su capacidad.

LA TIERRA TIENE DERECHO AL AGUA. La vida y la reproducción de las especies de la tierra y todos sus elementos, dependen de la funcionalidad de su ciclo, de la cantidad y la calidad de este recurso libre de contaminación.

LA TIERRA TIENE DERECHO AL AIRE LIMPIO. La preservación de la calidad y la composición del aire y su protección contra la contaminación es vital para mantener los sistemas vivos.

LA TIERRA TIENE DERECHO AL EQUILIBRIO. Su equilibrio depende del mantenimiento de sus interrelaciones, interdependencias, complementariedad, funcionalidades, ciclos y la regeneración de sus procesos vitales.

LA TIERRA TIENE DERECHO A UNA VIDA LIBRE DE CONTAMINACIÓN. La tierra y sus sistemas vivos necesitan estar preservados de la contaminación que causa la polución, los desechos tóxicos y materiales radioactivos.

LA TIERRA TIENE EL DERECHO A LA RESTAURACIÓN DE SUS SISTEMAS VIVOS. La actividad del hombre afecta de forma directa o indirecta los sistemas vivos, por lo que la tierra tiene el derecho de se tome acción oportuna para neutralizar, corregir y recuperar sus procesos vitales.

LA TIERRA TIENE EL DERECHO DE QUE SE RESPETEN SUS DERECHOS. Todos somos LA TIERRA, todos tenemos los mismos derechos.

SOY MI PLANETA

"...Al actual ritmo de deforestación, prácticamente todas las pluviselvas tropicales desaparecerán durante el próximo siglo. Si dejamos que se produzca esta destrucción, el mundo perderá el depósito más copioso de información genética del planeta y, con él, posibles remedios para muchas de las enfermedades que nos afligen. De hecho, centenares de fármacos importantes que ahora se utilizan comúnmente se obtienen de plantas y animales procedentes de las selvas tropicales".

Albert Arnold Gore, Jr. - Al Gore, Jr.
Exvicepresidente de Estados Unidos de América y Premio Nobel de la Paz 2007

El baúl del planeta Tierra

Contaminación

Biocapacidad

Equilibrio del planeta

Interdependencias

Interrelaciones

Hábitat

Complementariedad

Biodiversidad
o diversidad biológica

Ciclos

diversidad

Regeneración

Vida

- **Vida**: La palabra tiene su origen del latín: *vita*, que a su vez surge del griego *bios*, ambas significan vida. Desde la biología, la vida es la capacidad de nacer, crecer, reproducirse y morir.
- **Diversidad**: Hace referencia a la abundancia de cosas distintas, a la diferencia y a la variedad en todo lo que existe.
- **Biodiversidad o diversidad biológica**: Es el conjunto de seres vivos (animales, plantas, organismos, ecosistemas terrestres y marinos) que habitan el planeta tras millones de años de evolución, su ambiente y sus relaciones entre las diferentes especies.
- **Hábitat**: Es el lugar que, con sus características, hace posible la existencia de cierto grupo de seres vivos, garantizando su ciclo de nacer, crecer, reproducirse y morir. Un hábitat puede ser una laguna, un pantano, un glaciar, un matorral, etc. Los seres humanos también necesitamos nuestro hábitat.
- **Biocapacidad**: Es la capacidad biológica que tiene un área biológicamente productiva para regenerar recursos renovables y absorber, a la vez, los desechos que se producen por el consumo humano. Cuando es mayor el impacto del consumo que la capacidad que tiene esa área para abastecerse de recursos naturales, estamos rompiendo la sostenibilidad y el equilibro del planeta.
- **Contaminación**: Se refiere a la presencia de elementos y sustancias que afectan negativamente el medio ambiente, pues provocan daños y alteraciones que ponen en peligro los ecosistemas. Existen diferentes tipos de contaminación como la contaminación del agua, del suelo, del aire, la visual y la acústica.

- **Equilibrio del planeta**: Se refiere a la **sostenibilidad**. El ritmo de explotación de los recursos naturales no puede ser mayor al de la Tierra para renovarse y reponer sus propios recursos. Asimismo, debemos generar un mínimo de residuos para que el planeta los pueda absorber de forma natural y que nuestro **impacto ambiental** no rompa la cadena de vida.

- **Interrelaciones**: Son relaciones mutuas entre las personas, los objetos y otros elementos. El medio ambiente y los seres humanos tienen una interrelación. Lo que hace el uno, afecta al otro.

- **Interdependencias**: Son relaciones basadas en la dependencia, la responsabilidad y un conjunto de factores y principios, en las cuales varias partes (las personas, los países y los seres vivos en general), establecen acuerdos y emprenden acciones de una forma en que todos los involucrados resultan beneficiados. Es una cadena de cooperación donde la dependencia es recíproca y equitativa.

- **Ciclos**: La palabra proviene del latín *cyclus* y del griego *kyklus*, que significa círculo o rueda. Es un periodo de tiempo en el cual se realizan o suceden diferentes acontecimientos o procesos y que una vez se terminan vuelven a repetirse en el mismo orden, por ejemplo el ciclo de vida, del agua, de las rocas, etc.

- **Complementariedad**: Es una relación recíproca de integración entre las partes. Cualidad de ser complementario; es decir, que perfecciona y completa otra cosa o parte.

- **Regeneración**: Mecanismo de restauración o recuperación de los seres vivos para rehabilitarse o restablecerse. En el ser humano evidenciamos este mecanismo en nuestras uñas, el cabello, la piel, los huesos y el hígado, por ejemplo. En cada especie es diferente.

YO SOY: _____
MI HÁBITAT: _____

YO SOY: _____
MI HÁBITAT: _____

MESA DE PENSADORES

• ¿Cuales son los desechos o residuos que producimos los humanos?

Analiza tu entorno y define cuales son los posibles contaminantes en el lugar donde vives o estudias. ¿Puedes hacer algo para solucionarlo?

Investiga el significado de huella ecológica y trata de definirla en términos de una persona, una ciudad, un país y el mundo.

• ¿Podemos minimizar nuestra huella ecológica? ¿Cómo?

• ¿Por qué es importante proteger la biodiversidad?
Investiga quién era "El solitario George" y escribe su historia.

Actividad:
Hola soñador, te invitamos a que investigues nuestros nombres y nuestro hábitat.

YO SOY: _____
MI HÁBITAT: _____

YO SOY: _____
MI HÁBITAT: _____

YO SOY: _____
MI HÁBITAT: _____

Yo _____
Escribe tu nombre aquí

tengo un sueño para la Tierra.

Soñadores en acción por el
PLANETA TIERRA

Completa esta tabla y emprende hoy mismo un plan de acción.

Identifica el problema o la necesidad	Describe el problema o la necesidad	Define la acción que vas a emprender	¿Qué necesitas para esta acción?	¿Cómo vas a medir los resultados?
Basura				
Plásticos				
Agua				
Información				
Sensibilización				
Cuidado a los animales				
Plantar árboles				
Contaminación				
Ahorrar energía				
Consumismo				
Cambio				

Escribe en tu cuaderno

¿Qué aprendiste de cada uno de nuestros soñadores?

¿Qué fue lo que más te gustó de este libro que hemos hecho contigo?

QUERIDO SOÑADOR:

NUESTRO VIAJE NO TERMINA AQUÍ.
ESTE ES SOLO EL COMIENZO.

Tú ya has aprendido que es vital que tengas sueños y que luches por hacerlos realidad.
Ahora tú puedes inspirar a otras personas para que también lo hagan.

INVITA A LAS PERSONAS QUE DESEES A QUE ESCRIBAN SUS SUEÑOS EN ESTAS PÁGINAS.
LOS SUEÑOS SON UNA CADENA... Y MUCHOS ALCANZARÁN SUS SUEÑOS POR LA GRANDEZA DE LOS TUYOS.

Pega tu foto aqui

Afirmaciones

**Inspirado en
Tu sueño**

**Inspirado en
Mi planeta Tierra**

**Inspirado en
Adriana Ocampo Uria**

**Inspirado en
Tu sueño**

**Inspirado en
Marjorie Stoneman Douglas**

**Inspirado en
Boyan Slat**

**Inspirado en
Raquel Chang**

70

CALENDARIO DE LA TIERRA

ENERO

26 DÍA MUNDIAL DE LA EDUCACIÓN AMBIENTAL

28 DÍA MUNDIAL POR LA REDUCCIÓN DE EMISIONES DE CO2

FEBRERO

2 DÍA MUNDIAL DE LOS HUMEDALES

MARZO

3 DÍA MUNDIAL DE LA NATURALEZA

22 DÍA MUNDIAL DEL AGUA

ABRIL

22 DÍA MUNDIAL DE LA TIERRA

MAYO

17 DÍA MUNDIAL DEL RECICLAJE

22 DÍA INTERNACIONAL DE LA DIVERSIDAD BIOLÓGICA

JUNIO

5 DÍA MUNDIAL DEL MEDIO AMBIENTE

8 DÍA MUNDIAL DE LOS OCÉANOS

JULIO

3 DÍA INTERNACIONAL SIN BOLSAS DE PLÁSTICO

AGOSTO

29 DÍA INTERNACIONAL CONTRA LOS ENSAYOS NUCLEARES

SEPTIEMBRE

16 DÍA DE LA PRESERVACIÓN DE LA CAPA DE OZONO

OCTUBRE

4 DÍA MUNDIAL DE LOS ANIMALES

7 DÍA MUNDIAL DEL HÁBITAT

12 DÍA MUNDIAL DEL ÁRBOL

NOVIEMBRE

6 DÍA INTERNACIONAL PARA LA PRESERVACIÓN DE LA EXPLOTACIÓN DEL MEDIO AMBIENTE EN LA GUERRA Y LOS CONFLICTOS ARMADOS

DICIEMBRE

5 DÍA MUNDIAL DEL SUELO

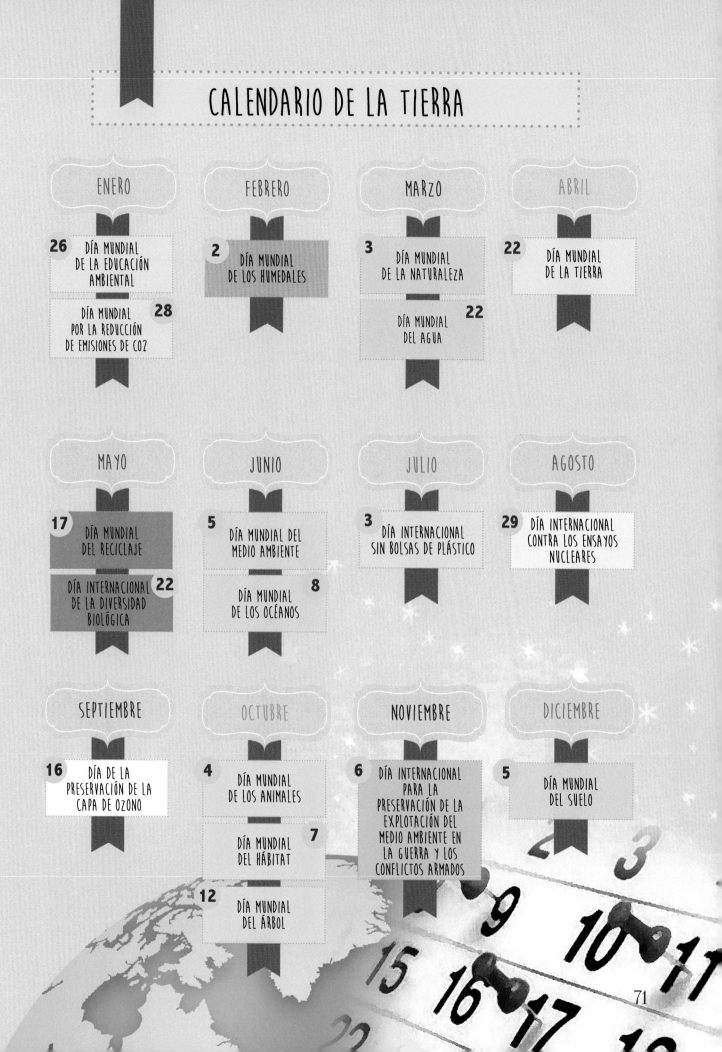

33350702R10042

Made in the USA
San Bernardino, CA
22 April 2019